L'ÉLECTEUR

ET

LE CANDIDAT

OU

CONSERVATEUR & RÉPUBLICAIN

PAR

Édouard Boinvilliers

PARIS

E. LACHAUD, ÉDITEUR

4, Place du Théâtre-Français, 4

1876

L'ELECTEUR

ET

LE CANDIDAT

L'ÉLECTEUR

ET

LE CANDIDAT

OU

CONSERVATEUR & RÉPUBLICAIN

PAR

Édouard Boinvilliers

PARIS

E. LACHAUD, ÉDITEUR

4, Place du Théâtre-Français, 4

—

1876

UNE RÉUNION ÉLECTORALE

CONSERVATRICE

M. le Président. — Nous entendrons aujourd'hui le candidat républicain ; bien que nous n'appartenions pas tous ici à la même opinion, nous sommes tous des conservateurs ; efforçons-nous donc de garder pendant cette séance une courtoisie et une modération que l'on doit à un adversaire politique.

« Messieurs, faites entrer le candidat. »

(Le candidat républicain monte à la tribune.)

M. le Président. — Monsieur, l'Assemblée vous remercie, par ma voix, de l'honneur que vous lui faites en vous rendant dans son sein, et elle vous accorde la parole.

LES RESPONSABILITÉS DANS LA GUERRE DE 870

Le Candidat. — *Messieurs, ma profession de foi sera courte : je suis républicain!*

L'Électeur. — A ce titre, l'honorable candidat accepte la révolution du 4 septembre faite devant l'ennemi et dans son intérêt?

Le Candidat. — Non, je ne l'accepte pas.

L'Électeur. — Vous vous êtes contenté jusqu'ici d'en profiter !

Vous regardez-vous comme responsable de la politique républicaine depuis cette journée néfaste, et seriez-vous disposé à la défendre devant nous?

Le Candidat. — Cela dépend des actes que vous avez en vue; il y en a que j'accepte et d'autres que je désavoue.

L'Électeur. — Je vais préciser : Trouvez-vous légitime la prolongation de la guerre après le 4 septembre?

Le Candidat. — Non assurément : toute espérance sérieuse de vaincre avait disparu ; on a martyrisé inutilement le pays.

L'Électeur. — Vous reconnaissez alors qu'au 3 septembre 1870, grâces aux bons offices de la Russie, on pouvait obtenir la paix sans cession de territoire ?

Vous reconnaissez avec M. Jules Favre que le 20 septembre 1870, notre vainqueur n'exigeait, en fait de territoire, que Strasbourg et sa banlieue ?

Vous reconnaissez que le 30 octobre 1870, de l'aveu de M. Thiers, la paix pouvait être faite moyennant la cession de l'Alsace ?

Vous reconnaissez enfin qu'en attendant jusqu'au 28 janvier 1871 pour traiter de la paix, les républicains qui étaient alors au pouvoir ont arraché à la France l'Alsace, la Lorraine et cinq milliards ?

Le Candidat. — J'aurais mauvaise grâce à nier des faits historiques ; je me bornerai à constater que si nous avons une lourde charge à porter, l'Empire doit avoir la sienne. Nous avons, en effet, continué la guerre, mais c'est lui qui l'a déclarée et qui l'a perdue.

L'Électeur. — Bien que nous ne soyons ici qu'à titre de conservateurs et non d'impérialistes, il nous est impossible d'accorder que les républicains ne soient pour rien dans la déclaration de guerre, à laquelle leur parti poussait le gouvernement impérial plus bruyamment que tout autre ; il nous est également impossible d'admettre qu'ils ne soient pour rien dans la malheureuse issue de cette guerre, car il est notoire qu'ils ont fait tous leurs efforts pour amoindrir notre effectif militaire, après avoir nié obstinément que la Prusse fût un danger pour nous.

Le Candidat. — Il n'y a pas que le parti républicain qui se soit trompé sur ces deux points et je connais bon nombre d'impérialistes qui sont dans le même cas que nous.

L'Électeur. — Ils ont eu sur vous l'avantage de convenir de leur faute, et n'ont d'ailleurs jamais refusé au Gouver-

nement les ressources nécessaires pour
faire la guerre ; mais ce qui nous impor-
tait de constater nous est acquis. Quand
bien même, ce qui est inexact, le gouvernement serait seul responsable de la déclaration de guerre, il est certain que l'Empire, s'il fût resté debout, la terminait par
une indemnité à payer à nos vainqueurs,
et que les républicains, pour l'avoir conti-
nuée, sont seuls responsables de la perte
de nos deux provinces et d'une indemnité
beaucoup plus forte.

Une voix dans la salle. — Sans compter
l'envahissement, le pillage de 40 départements et la mort inutile de milliers de nos
enfants.

LES ÉLECTIONS RETARDÉES

Le Candidat (continuant son discours.
— *Enfin, messieurs, cette Assemblée nationale
qu'on nous accuse de n'avoir pas voulu réunir
a été nommée par nos soins, et vous vérifierez
comme moi, en rappelant vos souvenirs, qu'elle*

ne s'est pas montrée si hostile que vous le préten-
dez à notre politique.

L'histoire, moins sévère que les contempo-
rains, saura rendre justice à ce pouvoir poli-
tique, issu d'une élection la plus libre qui fut
jamais.

L'Électeur. — Ce n'est pas sans raison
que l'on vous accuse d'avoir retardé au-
tant qu'il dépendait de vous la réunion de
l'Assemblée nationale : il existe plus de
vingt dépêches des préfets de cette époque qui s'irritent à l'avance contre le
vote présumé du pays et qui télégraphient
au gouvernement |leur désespoir et leur
crainte pour la République.

Le Candidat. — Quand on veut perdre
un homme, il ne faut pas plus de dix lignes
de son écriture.

L'Électeur. — Contestez-vous l'exis-
tence des dépêches dont je parle : dans ce
cas j'aurais l'honneur de les mettre sous
vos yeux ; elles sont signées de noms
que vous connaissez bien, et sont toutes
résumées par celle de M. Gambetta, en

date du 14 octobre 1870 et qui est ainsi
conçue : « En arrivant à Tours, après
« avoir interrogé les préfets et étudié leurs
« déclarations, j'ai constaté une unanime
« désapprobation des élections générales. »

Le Candidat. — On peut bien pardon-
ner à de vrais républicains de prévoir les
dangers qui menacent la République.

L'Électeur. — C'est le pays que cela
regarde, il absoudra ou il châtiera, dans sa
souveraineté.

LA LIBERTÉ DES ÉLECTIONS

Quant à la liberté exceptionnelle dont
jouirent les électeurs, il est probable que
l'honorable candidat, qui paraît y croire, a
été dupe de la malice d'un illustre vieillard,
qui vantait devant l'Assemblée elle-même
sa pure et libre origine.

Le Candidat. — Que voulez-vous dire ?

L'Électeur. — Je dis qu'il n'existe pas

-dans notre d'histoire d'assemblée politique
élue sous la pression d'événements plus
écrasants pour la liberté de l'électeur, de
décrets plus gênants pour leur libre arbitre
et de pratiques plus arbitraires du côté du
pouvoir.

En ce qui regarde ce dernier point. je
me borne à signaler le plus saisissant :
la faculté laissée aux préfets en exercice
de se porter candidats. Jamais, à moins
qu'on ne fût en République, la France n'a
permis un pareil abus du pouvoir; ce n'était
pas de la candidature officielle, c'était de la
candidature imposée.

Le Candidat. — Je n'approuve pas
cette pratique, mais il faut considérer, si
l'on veut rester juste, que tous les républicains marquants occupaient les pré-
fectures, et qu'en les empêchant de se faire
nommer députés, on aurait privé la dépu-
tation de presque tout le personnel républicain.

L'Electeur. — La France n'aurait
peut-être pas été aussi sensible à cette pri-
vation que paraît le croire l'honorable

orateur ; en tous cas, les candidats préfets laissaient peu de liberté aux électeurs.

On leur en ôta plus encore en décrétant
en masse la destitution des conseils généraux ; les électeurs se voyaient ainsi pri-
vés tout à coup, et sur toute la surface du
territoire, de tuteurs naturels, de conseil-
lers plus utiles que jamais, d'hommes ho-
norables placés depuis de longues années
à la tête de leurs cantons par les votes ré-
pétés de leurs concitoyens.

A notre avis, il n'est point de pression
électorale plus manifeste que celle-là.

Le Candidat. — Je regarde, en effet,
cette destitution des conseils généraux
comme une faute politique.

L'Électeur. — Je n'ai voulu l'apprécier
qu'au point de vue de la pression exercée
sur les électeurs ; cependant comme ces
derniers pouvaient encore faire, au point
de vue républicain, de mauvais choix,
ce parti se résolut à déclarer inéligibles
tous les citoyens qui, de près ou de loin,
élus ou non élus, avaient participé au
gouvernement pendant la période impé-

riale. Le candidat veut-il nous dire s'il ne regarde pas cette exclusion brutale comme l'injure la plus forte qu'on puisse faire à un corps électoral, et en même temps comme l'entreprise la plus inique tentée contre sa liberté ?

Le Candidat. — Je n'approuve aucun excès, mais je rappelle que le décret sur les inéligibles a été rapporté.

L'Électeur. — Vous savez, mieux que personne, qu'il n'a pas été rapporté à temps, et que ce n'est pas assez de deux ou trois jours pour faire connaître et répandre une candidature : en beaucoup d'endroits même, ce contre-décret n'a pas été connu.

L'Électeur. — Arrivées à un certain excès, les violences contre la liberté électorale touchent au ridicule. L'histoire se laissera désarmer, et c'est peut-être avec un sourire qu'elle enregistrera l'envoi d'une flotte cuirassée, en Corse, pour combattre l'élection d'un candidat bien connu.

Le Candidat. — Ce fut, en effet, une action grotesque.

L'Électeur. — Si j'ajoute à toutes ces pressions violentes et variées contre les électeurs et les candidats, que le pays était encore occupé par nos ennemis, et que les traces les plus tristes de la guerre étaient répandues sur notre sol, on comprendra facilement la fine ironie de M. Thiers.

LA DÉCHÉANCE DE L'EMPIRE ET L'ARTICLE 8 DE LA CONSTITUTION DU 25 FÉVRIER

Le Candidat (continuant son discours). — *Enfin, Messieurs, cette Assemblée étant réunie, quel a été son premier acte, le premier cri de son cœur oppressé? La* DÉCHÉANCE *de l'Empire! Vous voyez donc bien que le 4 septembre ne fut pas une journée si néfaste, puisque les élus du pays venaient s'associer de la manière la plus étroite à ceux que vous pour-*

*suivez du titre de révolutionnaires et qui sont
aujourd'hui les vrais conservateurs.*

L'Électeur. — Le candidat me paraît
confondre deux choses fort distinctes :
l'Empereur et l'Empire. L'Assemblée a
acclamé et non *voté* la déchéance de la
famille impériale, se mettant ainsi en contradiction, à ses risques et périls, avec le
suffrage universel qui l'avait choisie. Mais
jamais il n'a été question de voter une
absurdité, c'est-à-dire la négation du régime politique appelé la constitution impériale.

Les divers pouvoirs qui se sont succédé
en France depuis le 4 septembre ont fait
plus que de proclamer la légitimité de
l'Empire, ils lui ont emprunté la plupart
de ses lois. Au surplus, chaque essai ou
lambeau de Constitution qui a précédé la
République du 25 février a sauvegardé les
droits du peuple à choisir définitivement
son gouvernement. Cette dernière Constitution, en s'accentuant dans le sens républicain, a accentué parallèlement son état
précaire et provisoire, et a, pour ainsi dire,

agrandi la porte par laquelle le pays peut en sortir.

En effet, l'article 8 de la Constitution nouvelle est ainsi conçu :

« Les Chambres auront le droit, par dé-
« libérations séparées, prises dans cha-
« cune à la majorité absolue des voix, soit
« spontanément, soit sur la demande du
« Président de la République, de déclarer
« qu'il y a lieu de *réviser* les lois consti-
« tutionnelles. Après que chacune des
« deux Chambres aura pris cette résolu-
« tion, elles se réuniront en Assemblée
« nationale pour procéder à la *révision*. Les
« délibérations portant révision des lois
« constitutionuelles, *en tout ou en partie*,
« devront être prises à la majorité absolue
« des membres composant l'Assemblée
« nationale. »

Cette révision totale de la Constitution, qui va jusqu'à remplacer la République elle-même par un autre gouvernement, a été confirmée de la manière la plus expresse par la discussion qui a eu lieu dans l'Assemblée et par les affirmations récentes de l'honorable ministre de l'intérieur, M. Buffet.

Le candidat conteste-t-il l'exactitude de ces faits ?

Le Candidat. — Non, monsieur.

L'Électeur. — Vos amis politiques cependant traitent volontiers de *factieux* ceux de nos concitoyens qui se présentent aujourd'hui aux électeurs comme soutiens du gouvernement actuel, mais aussi comme partisans de la royauté ou de l'Empire, après la révision légalement décrétée.

Le Candidat. — Tout en reconnaissant leur exagération, il faut avouer qu'il n'est pas bien honnête d'abuser d'un droit de révision inscrit dans la loi comme soupape de sûreté et pour ne pas heurter le bon sens, qui ne peut admettre de constitution éternelle. L'article 8 n'est en vérité qu'une clause de style, et il n'est pas digne d'un conservateur de la faire servir au renversement de l'édifice établi.

L'Électeur. — Le candidat se trompe : il n'y a ici aucune clause de style. Cela est si vrai que la République du 25 février n'aurait pas été votée par des monarchistes sans cet article 8.

En présence de l'éventualité ouverte par la révision, le candidat trouvera sans doute naturel que nous lui demandions dans quel sens il votera à ce moment solennel.

Le Candidat. — Nous avons le temps d'y songer.

L'Électeur. — Dieu seul le sait ; ce qui est évident, et ce à quoi il faut se pré_ parer, c'est à la révision, qui peut arriver demain, soit par le vœu exprès du maréchal de Mac Mahon, soit par sa démission. soit par sa maladie, soit par sa mort.

S'en fier au hasard du soin de dénouer les situations difficiles qui peuvent résulter de ces accidents, serait pousser l'imprévoyance jusqu'à la folie.

Le Candidat. — J'étais républicain avant l'arrivée au pouvoir du Maréchal de Mac Mahon, républicain je resterai après lui.

L'Électeur. — C'est tout ce que nous

voulions savoir, vous avouez que le droit de révision va jusqu'au renversement légal de la République; mais, vous vous opposerez par votre vote à ce qu'on la renverse.

LA COMMUNE

Le Candidat (continuant son discours.) — *Après cette affreuse guerre civile connue sous le nom de guerre de la Commune, où les frères se mitraillaient sans merci, la pitié doit s'étendre indistinctement sur toutes les victimes de nos discordes civiles...*

L'Électeur. — Le candidat est-il partisan de la Commune ?

Le Candidat.—Assurément non; mais la pitié n'est pas de la politique.

L'Électeur. — Quand un soldat joue sa vie contre un assassin ou un incendiaire, la pitié des honnêtes gens ne doit pas s'égarer.

Le Candidat. — Il n'y avait pas que des criminels parmi les combattants de la

Commune, on doit y compter bon nombre d'imbéciles ou de cœurs faibles, trop faciles à égarer.

L'Électeur. — Toute révolte serait victorieuse si nos soldats renonçaient à tirer sur *les cœurs faibles* qui leur envoient des coups de fusils.

Que l'honorable candidat me permette d'ajouter que, lorsqu'on est comme lui républicain convaincu, il y a deux raisons impérieuses pour séparer sa cause de celle de la Commune : la première, parce que c'est aux cris de vive la République que ce sont commis, à cette époque, d'horribles forfaits; la seconde, parce que les partisans de cette Commune sont encore assez nombreux pour donner un appui sérieux aux candidats républicains, dans les prochaines élections.

Il ne convient pas qu'un honnête homme puisse être soupçonné d'avoir sollicité ou même accepté de pareils suffrages.

Le Candidat. — Je repousse tous les excès; d'ailleurs chacun sait qu'à cette époque, j'étais aux côtés de M. Thiers, cet homme illustre, ce grand citoyen qui a vaincu la Commune.

L'Électeur. — Nous croyions, dans nos campagnes, que le maréchal de Mac Mahon avait été pour quelque chose dans cette victoire ; quoi qu'il en soit, vous avouez que la Commune a été un fait républicain, tout comme l'avait été le Quatre - Septembre , vous répudiez les excès qui ont été la suite de ces deux journées révolutionnaires: Mais, après la victoire que vous avez remportée, de concert avec l'honorable M. Thiers, vous paraissez vouloir couvrir de votre *impartialité* les deux combattants.

Le Candidat. — C'est parfaitement mon avis.

L'Électeur. — La réunion appréciera comment il lui convient de récompenser cette *impartialité*.

LE SUFFRAGE UNIVERSEL

Le Candidat (continuant son discours.)
— *Et, Messieurs, ce qui prouve mieux que tous les raisonnements, mieux que tous les faits, la supériorité évidente de la République sur les autres formes de gouvernement, c'est qu'elle a toujours écrit sur son drapeau ce mot magique* LIBERTÉ, *qui entraîne tous les cœurs après lui.*

Quelle a été, sous la monarchie, la revendication incessante des républicains? L'Empire avait réussi à pervertir la pensée publique, à bâillonner la presse; quels ont été les défenseurs de cette sainte cause? les républicains, Messieurs, les seuls républicains!

L'Électeur. — L'honorable candidat regarde-t-il le suffrage universel comme une conquête libérale?

Le Candidat. — La question est au moins singulière et ma réponse est dictée à l'avance.

L'Électeur. — Mon interrogation s'explique cependant par le mauvais vouloir qu'ont montré les républicains, à permettre au pays d'exprimer ses vœux ; à différentes reprises, dans le cours des travaux de la présente Assemblée, notamment sur une proposition de M. Hervé de Saisy et sur une proposition analogue de M. le baron Eschassériaux, on a vu les républicains hésiter d'une manière fâcheuse ; nous serions heureux de savoir dans quel sens a voté l'honorable candidat.

Le Candidat. — Autre chose est de confier au suffrage universel le soin de nommer des députés, autre chose est de confier à ce mode électoral le soin de décider sur la forme du gouvernement.

L'Électeur. — Sans doute les deux choses sont différentes : le candidat, qui approuve l'une, désapprouve-t-il l'autre ?

Le Candidat. — En théorie pure, la République étant le seul gouvernement de raison, doit être au-dessus de toutes les atteintes, même de celles du suffrage universel ; en fait, il est malheureusement certain que nos paysans français ne sont pas encore assez éclairés pour qu'on remette entre leurs mains le sort du pays.

L'Électeur. — Vous pensez alors que le paysan a une intelligence suffisante pour voter en faveur d'un député monarchique, ou d'un député républicain, mais vous ne le croyez pas capable de faire un choix entre la monarchie et la république.

Je n'imagine pas, lorsqu'il sera à même de le faire, qu'il vous remercie de l'opinion que vous avez conçue de son savoir.

LA LIBERTÉ DE LA PRESSE

Les efforts de vos amis dans l'opposition peuvent paraître louables à certains esprits qui confondent la liberté de la pensée et la liberté de la presse ; mais en se plaçant un instant à votre point de vue, il semble que les républicains au pouvoir ont bien vite oublié leurs doctrines préférées.

Sous le dernier gouvernement, vous réclamiez contre la direction de la presse, installée au ministère de l'intérieur; cette direction y est encore installée, avec cette différence toutefois que l'ancienne donnait aux journaux des autorisations de paraître et qu'aujourd'hui elle les refuse.

— On s'est beaucoup récrié contre la juridiction administrative; elle est remplacée par la juridiction militaire.

— L'administration avait le droit d'interdire la vente d'un journal sur la voie publique; elle l'a conservé, et parfois elle a interdit la vente jusque dans l'intérieur des librairies.

— La période électorale fut toujours respectée comme une trève; les républicains ont souvent supprimé des journaux au moment même de l'élection.

— *Monsieur communiqué,* comme on l'appelait alors, existe toujours; on remarque seulement qu'il n'est pas aussi poli qu'autrefois.

— La loi du colportage est restée en vigueur, mais elle ne paraît occupée qu'à empêcher la propagation des écrits conservateurs et impérialistes, réservant toutes ses tendresses pour les brochures républicaines et socialistes.

Le petit *Journal officiel* s'est borné à changer de nom ; on l'appelle maintenant le *Bulletin français*.

— La censure dramatique est heureusement rétablie.

L'honorable candidat conteste-t-il tout ou partie des faits précédents?

Le Candidat. — Assurément non ; ces faits sont de notoriété publique ; mais je demande s'il est bien juste d'imputer à la République les mesures de salut public qu'elle est obligée de prendre contre les réactionnaires, dans l'intérêt même de sa conservation ? S'ils voulaient aimer la République ?...

L'Électeur. — Rendez-la aimable !

LA LIBERTÉ DU COMMERCE

L'Électeur. — Puisque l'honorable

candidat est un défenseur convaincu de toute politique libérale, il a sans doute déploré qu'en 1871 et 1872, M. Thiers ait dénoncé nos traités de commerce avec l'Angleterre et la Belgique; il a sans doute voté contre ce célèbre impôt sur les matières premières qui était le plus rude coup que l'on pût porter à la liberté commerciale.

Le Candidat. — On est revenu depuis, dans le sein même de l'Assemblée, à des sentiments plus conformes aux véritables intérêts du pays.

L'Électeur. —Nous le savons, mais ce que nous ignorons, c'est la conduite de l'honorable candidat dans ces difficiles moments.

Le Candidat. — Je vois la perfidie de votre question, mais je la déjouerai par une entière franchise : Oui, j'ai consenti à soutenir le programme économique fort peu libéral de M. Thiers, parce qu'à ce moment la République était en jeu et que je la placerai toujours plus haut qu'une question de douane.

L'Électeur. — Il nous semblait qu'il y avait là pour vous une question d'honneur et de principe.

Le Candidat. — Sans doute ce fut un douloureux sacrifice pour un vieux libéral comme moi.....

L'Électeur. — Que l'honorable candidat se rassure : je ne juge pas ses sacrifices, je les énumère.

LA LIBERTÉ DE RÉUNION

L'Électeur.—A titre de conservateurs, nous n'avons pas sollicité de l'Empire le droit de réunion.

Mais il a cru devoir nous faire ce cadeau, poussé qu'il était par l'école libérale. Aimez-vous toujours le droit de réunion ?

Le Candidat. — Est-ce une question à adresser à un républicain ?

L'Électeur. — C'est donc une nouvelle

page à ajouter au livre de vos regrets, car
sous la République ce droit n'existe pas.

LA LIBERTÉ COMMUNALE

L'Électeur. — Sous le dernier gouvernement, d'honnêtes esprits, un peu plus
théoriques que pratiques, rêvèrent de dé-
centralisation ; à leur point de vue, le
maire devait cesser d'être l'homme du gouvernement, pour devenir exclusivement le
mandataire de la commune ; l'honorable
candidat était-il alors partisan de la théorie
nouvelle ?

Le Candidat. — Oui, mais l'expérience
m'a profité.

L'Electeur.— Et vous êtes devenu un
homme pratique : c'est ce que je voulais
vous faire dire.

Résumant mes dernières interrogations,
nous sommes dans l'obligation de recon-

naitre qu'il n'est pas une liberté que les républicains n'aient réclamée des pouvoirs monarchiques, mais qu'il n'en existe pas une, non plus, qu'ils aient conservée dans leur République.

Le Candidat. — Le véritable homme d'Etat est parfois obligé de renier momentanément ses principes.

L'Électeur. — L'assemblée reconnait alors que l'honorable candidat s'est toujours montré homme d'Etat.

LA LÉGION D'HONNEUR

Le Candidat (continuant son discours). — *République, Messieurs, est synonyme d'émancipation, elle a horreur des préjugés, et quand elle rencontre sur son chemin les débris des âges, elle les écarte résolûment. Nous voulons, pacifiquement, toutes les conquêtes de la Révolution, et nous ne nous arrêterons dans* *notre œuvre sainte que lorsque nous les aurons toutes obtenues.*

L'Électeur. — L'honorable candidat voudrait-il nous dire s'il relègue dans les friperies politiques l'institution de la Légion d'honneur ?

Le Candidat. — Je n'imagine pas l'intérêt que vous pouvez avoir à me poser cette question.

L'Electeur. — Je vais vous le dire : Il est possible que, comme vos confrères en doctrine républicaine, vous traitiez la croix de la Légion d'honneur de *vain hochet de la vanité.*

Alors nous vous répondrions que cette croix a fait faire, dans ce monde, bien des actes de courage et de dévouement.

Il se peut, au contraire, que, conformément à la *pratique* de vos amis, vous approuviez le gaspillage qu'ils ont fait de ce ruban, à ce point qu'on a été dans la douloureuse obligation de l'arracher à des indignes et de décréter qu'on n'accorderait,

chaque année, qu'un nombre de croix
déterminé.

L'honorable candidat est-il dans le camp
des républicains doctrinaires ou pratiques?

Le Candidat. — Je n'approuve les
excès dans aucun sens.

L'Électeur. — C'est avouer que vous
condamnez deux fois les républicains : la
première pour avoir médit de la croix, la
seconde pour en avoir abusé.

LA RELIGION

Le candidat range-t-il la religion parmi
les vieilleries qui encombrent sa route ?

Le Candidat. — Là, comme ailleurs,
je veux la liberté.

L'Électeur. — Quand, par ordre des
républicains, on arrachait les images du
Christ du chevet des mourants ; quand on
défendait aux maîtres d'école de parler de

Dieu, et aux enfants de faire leurs prières ; quand on cherche aujourd'hui encore par tous les moyens, et parfois les moins avouables, à ruiner les écoles congréganistes au profit des laïques, quand partout on traite la foi de superstition, il me semble difficile d'admettre que ce soient là des procédés libéraux.

Le Candidat. — Je conviens que ces pratiques ne sont pas très-libérales ; mais comment exiger d'un homme politique qu'il donne à ses adversaires les plus redoutables toutes les armes qu'ils exigent pour le combattre ? A parler franchement, l'esprit clérical est l'ennemi le plus acharné de l'esprit républicain.

L'Électeur. — C'est bien ce que nous présumions ; vous combattez la religion, ses doctrines et ses ministres, principalement parce qu'ils paraissent hostiles à vos doctrines politiques.

Le Candidat. — Que la religion devienne républicaine et nous changerons.

L'Électeur. — Commencez par devenir religieux !

Je dois ajouter que le moment est mal choisi pour faire la guerre à la religion catholique et à ses ministres : des politiques plus patriotes laisseraient exclusivement ce soin à M. le prince de Bismark, qui s'en acquitte à merveille.

Le Candidat. — La vérité et la raison n'ont pas de patrie.

LA PATRIE

L'Électeur. — Je devine à votre langage, et je sais d'ailleurs par vos philosophes, que la patrie est encore à vos yeux une superstition d'un autre âge ; au sens plus moderne, c'est un mot sans valeur, et tout au plus une expression géographique.

Le Candidat. — Tous les hommes sont frères !

L'Électeur. — C'est vrai, au point de vue religieux, c'est faux au point de vue politique. La nation pour nous est un être qui vit de sa vie propre ; pour vous ce n'est qu'une agglomération d'hommes réunie par le hasard.

Pour vous la patrie n'a pas d'âme, nous lui en reconnaissons une.

Vous ne croyez pas qu'une nation sente l'affront qu'elle reçoit, vous n'imaginez pas que son honneur puisse être atteint et que, par suite, sa considération et son crédit s'en ressentent ; nous pensons, au contraire, que l'homme et la nation ont les mêmes sentiments et courent les mêmes périls : l'un et l'autre ont un cœur reconnaissant du bienfait, et irrité contre l'injustice ; tous deux ont de l'enthousiasme pour les belles actions et des larmes pour le malheur immérité.

Nous aimons et nous respectons la patrie comme on aime ses vieux parents ; elle laisse froid le vrai républicain.

Le Candidat. — Je ne nierai pas que l'idée ancienne de patrie n'ait été un peu combattue par l'école républicaine, mais c'est au bénéfice de l'idée plus généreuse et moins étroite de la fraternité humaine.

L'Électeur. — On a souvent prêché la fraternité universelle de l'avenir pour se dispenser de ses devoirs plus immédiats de citoyen.

L'ARMÉE

L'Électeur. — Si je ne me trompe, la doctrine républicaine range au nombre des institutions les plus vieillies *nos armées permanentes.*

Le Candidat. — Nous préférons, en effet, la nation armée à une troupe de mercenaires.

L'Électeur. — Nous préférons au contraire le soldat régulier au soldat de hasard, mou et indiscipliné.

Le Candidat. — Nous ne croyons pas la guerre inévitable entre des peuples frères.

L'Electeur. — Nous croyons qu'elle ne peut pas être toujours évitée et qu'alors il faut être prêt.

Le Candidat. — L'armée régulière est une école de servitude.

L'Electeur. — Nous la respectons comme l'école même de l'honneur.

Le Candidat. — Dans ces armées, l'homme n'est plus qu'une machine.

L'Electeur. — C'est là qu'on apprend la discipline, et notre société française nous paraît en avoir grand besoin.

Le Candidat. — C'est avec elles qu'on tue la liberté.

L'Électeur. — Ce sont elles qui nous rassurent contre votre tyrannie.

Le Candidat. — Je vous dis, moi, que tout cela c'est de la politique de violence et non de la politique d'expansion ; c'est le vieux jeu des vieux politiques : le passé, c'est la guerre ; l'avenir, c'est l'amour.

L'Électeur. — Les républicains ont déjà fait l'essai de la *liberté* comme engin de guerre ; en y ajoutant l'*amour*, je doute qu'ils arrivent à de meilleurs résultats.

LA CHERTÉ DU GOUVERNEMENT RÉPUBLICAIN

Le Candidat (continuant son discours). — *Je vous le dis, en vérité : les peuples sont las de ces gouvernements monarchiques, qui, par leur constitution même, par les exigences d'un luxe inutile, payent tout fort cher, ne peuvent obtenir de service utile qu'au poids de l'or, et finalement ruinent les nations.*

L'Électeur. — L'honorable candidat

veut sans doute parler des vingt ou vingt-
cinq millions de liste civile de nos rois.

Le Candidat. — C'est vrai.

L'Électeur. — Il n'y a dans ces sommes
considérables que cinq à six millions
alloués au prince et la plus grande partie
de cette somme elle-même passe en cha-
rités ou en encouragement aux lettres et aux
arts ; le reste est dépense publique, que le
gouvernement actuel paie comme la monarchie. Nous nous étonnons que l'honorable candidat, qui a étudié depuis cinq ans
nos budgets, n'y ait pas vu figurer toutes
les dépenses d'entretien, d'amélioration des
châteaux historiques qui appartiennent au
pays.

D'ailleurs, depuis que nous avons pu faire
le compte des dépenses républicaines, nous
avons toujours constaté que la République
nous coûte beaucoup plus cher que la monarchie ; il n'y a aucun ministère qui ait
réalisé sur son personnel les économies
pompeusement annoncées par l'opposition,
et la plupart d'entre eux ont notablement
augmenté leurs dépenses.

L'école républicaine parait avoir toujours eu une répugnance marquée et fort inexplicable pour la police. Dans l'opposition elle ne parle de rien moins que de sa suppression ; mais les républicains *pratiques* s'empressent d'oublier cette doctrine, et non-seulement la préfecture de police s'étale, sous leur règne, en plein soleil de la rue de Jérusalem, mais il faut convenir que ses services sont infiniment plus dispendieux qu'autrefois. Sous l'Empire, la police de Lyon coûtait 500,000 fr., elle en coûte aujourd'hui 1,200,000. La police de Paris exigeait 14 millions, elle en demande 20. La garde de Paris, fixée à 4,500,000 fr., passe à 6 millions. Au surplus, si l'on veut avoir un thermomètre plus général du niveau des dépenses actuelles, il faut consulter le budget du ministère de l'intérieur d'avant 1870 : il se soldait par 52 millions, aujourd'hui, il arrive à 82.

Le Candidat. — Je ne conteste pas ces chiffres, mais ils s'expliquent naturellement par la volonté d'assurer l'ordre matériel mis en péril par les événements.

L'Électeur. — C'est aussi notre avis ; seulement nous appelons *République* ce que vous appelez *événements.*

Il existe des preuves encore plus fortes que les précédentes de la cherté de tous les services publics en temps républicain.

L'Empire a emprunté 4 milliards 188 millions. La République 5 milliards 790 millions ; mais la monarchie impériale a emprunté au cours moyen de 4 1/2 et la République au cours moyen de 7 0/0.

C'est, de ce chef seul, une perte pour le pays, de 1 milliard 600 millions ; on aurait pu payer pendant des siècles, avec pareille somme perdue en un jour, la liste civile de nos Rois.

LA MORALITÉ RÉPUBLICAINE

Le candidat (continuant son discours).
— *Sortons, Messieurs, de cette atmosphère de*

chiffres où l'on est écrasé par les milliards tant républicains que monarchiques et respirons cette atmosphère plus pure des idées de la société moderne.

Là plus de haine, plus de crimes, plus de gendarmes... Nous réalisons peu à peu, messieurs, ce rêve séduisant.

L'Électeur. — Le candidat oublie que sous son règne la gendarmerie a dû être notablement augmentée.

Le Candidat. — C'est un accident momentané. Quand la République véritable sera bien implantée dans le pays, il n'y aura plus de gendarmes.

L'Électeur. — En effet, elle les aura tous tués !

C'est un fait constant que sous la République, au moins telle que nous l'avons connue jusqu'ici, tous les liens sociaux se relâchent et que le niveau de la moralité publique s'abaisse considérablement. Le mauvais sujet devient un filou, le chenapan un voleur, et le voleur un assassin. Depuis le 4 septembre, nos prisons comptent dix mille pensionnaires de plus que sous l'Empire.

En 1869, on releva 18 condamnations à mort, en 1873, on en compta 34.

En 1869, intervinrent 853 condamnations aux travaux forcés , en 1873, il y en eut 1153.

LES ALLIANCES RÉPUBLICAINES

M. le Président. — En raison de la nature délicate des dernières communications qui nous restent à faire à l'honorable candidat, je demande la permission de prendre la parole.

Nous estimons que le gouvernement républicain nous a fait perdre toutes nos alliances dans le monde, et prive ainsi notre malheureux pays de l'influence qu'il a toujours eue, et qu'il a mise au service non-seulement de ses intérêts, mais de sa généreuse politique.

Après Sedan , une femme haute par

le cœur , rappelait en nobles termes à Leurs Majestés les Empereurs d'Autriche et de Russie les espérances d'intervention et même de concours qu'ils avaient laissé concevoir à nos ambassadeurs. Cette lettre historique, datée du 13 septembre 1870, reçut, le 22 du même mois, des réponses que tout le monde connaît ; remplies de témoignages de respect et d'affection pour l'Impératrice Eugénie, elles concluaient toutes deux de la même manière et exprimaient les regrets que les *circonstances* eussent modifié la manière de voir de leurs illustres signataires.

En Angleterre, en Italie, il est de notoriété publique que les sympathies que nous avions dans ces deux pays ont été également rendues impuissantes par l'avénement de la République, et que les gouvernements de ces peuples se regardèrent comme libres de tous les engagements qu'ils avaient pu contracter avec l'Empereur, représentant de la France monarchique.

L'avénement de la République fut ainsi la vraie cause de notre isolement en Europe au moment où son secours nous aurait été si précieux.

Il est remarquable que cet isolement absolu ait continué, bien que la République
soit passée des mains inexpérimentées des
révolutionnaires du 4 septembre aux mains
plus habiles de M. Thiers, et repose aujourd'hui sur le gouvernement sage de
M. le maréchal de Mac Mahon.

Le célèbre procès intenté par le prince
de Bismark à M. le comte d'Arnim ne
laisse malheureusement pas de doute à ce
sujet.

En novembre 1872, M. le prince de Bismark faisait écrire à l'ambassade prussienne à Paris ces lignes significatives :

« La France monarchiquement consti
» tuée sera pour nous un danger bien plus
» grand que celui que le courant des insti
» tutions républicaines pourrait faire sur
» gir; le spectacle que ces institutions nous
» présentent est plutôt fait pour servir
» d'épouvantail. »

Une autre lettre du comte d'Arnim,
adressée à S. M. l'Empereur d'Allemagne,
se termine par une phrase devenue célèbre:

« Le meilleur gouvernement pour nous
» (en France) sera toujours celui qui aura
» à dépenser la majeure partie de ses forces
» à lutter contre ses ennemis intérieurs. »

Cette dernière dépêche est datée du
8 juin 1873.

Je ne provoque pas de discussion sur
des faits, qui sont d'ailleurs historiques,
par un motif que tout le monde appréciera.
Il ne me reste qu'à résumer les débats :

LE DEUX DÉCEMBRE & LE QUATRE SEPTEMBRE

Le Candidat. — *Puisque M. le Président
n'accepte pas de contradiction sur ce point, je
n'insiste pas, mais je demande à faire une dernière observation.*

*Messieurs, vous devriez imiter ma franchise,
et puisque je me pose carrément comme républicain, vous avouer non moins franchement
bonapartistes; alors sachant quels adversaires
j'ai devant moi, je me défendrais en con-*

séquence. Eh bien ! Messieurs, c'est à ce titre de bonapartistes que je vous adjure de rentrer en vous-mêmes et de ne pas essayer de faire maladroitement le procès aux autres partis ; la comparaison entre vous et nous est trop écrasante pour que vous ayez le moindre intérêt à la provoquer : un régime politique qui commence au 2 décembre et qui finit à Sedan, qui débute par un coup d'État pour expirer pendant l'invasion ; un régime politique que la fatalité de ses malheurs passés pousserait invinciblement à la guerre, s'il était jamais imposé de nouveau à la France, est un régime perdu !

M. le Président. — L'honorable candidat ayant parlé de l'Assemblée et de sa composition, je dois lui répondre.

Nous n'avons pas l'honneur d'appartenir tous au parti impérialiste : il y en a parmi nous qui sont très-dévoués à une forme monarchique très-différente du gouvernement impérial ; mais, selon l'ancienne acception du mot, il est vrai que nous sommes tous conservateurs, c'est-à-dire opposés à la République.

Quant à la comparaison que vous venez

d'indiquer entre la République et l'Empire. elle a été faite vingt fois et vingt fois elle a tourné à votre confusion : le 24 février 1848 et le 4 septembre 1870, d'un côté ; le 2 décembre 1851, de l'autre, sont des violences contre la loi.

Mais le 2 décembre avait été sciemment rendu inévitable par les républicains. qui refusaient au pays le droit de changer sa constitution, quand bien même l'énorme majorité de ses électeurs l'auraient exigé.

Après le 2 décembre la France fut consultée, après le 4 septembre elle ne le fut pas.

Après le coup d'État, la Rente monta; après 1848, comme après 1870, elle s'affaissa; après le coup d'État, les affaires industrielles eurent un magnifique essor ; après l'apparition de la République, elles s'arrêtèrent tout à coup.

Après le coup d'État, les hommes d'ordre respirèrent, et les gens de désordre se cachèrent : ce fut absolument le contraire sous les deux règnes de l'honorable candidat. 1848 et 1870 amenèrent d'épouvantables malheurs : les journées de juin et la Commune ; le coup d'État avait terminé nos discordes civiles.

Pour tout résumer d'un mot : le 2 décembre fut un coup conservateur, appelé et ratifié pour la nation, et le 4 septembre 1870 un coup révolutionnaire, resté sans sanction.

Voilà pour le berceau des deux gouvernements.

Quant à l'invasion que vous reprochez au régime précédent, nous venons de vérifier qu'elle est votre fait ; vous savez d'ailleurs mieux que moi que cette prétendue spécialité du régime impérial à amener en France l'invasion étrangère est une puérilité et un contre-sens historique ; il n'est pas besoin de se mettre en grands frais d'érudition pour se rappeler que, depuis cinquante ans, tous les Etats de l'Europe continentale ont été successivement envahis ; la Prusse, la Russie, l'Espagne, l'Italie, l'Autriche, la Suisse et la Belgique, tous les peuples ont eu à subir cette grande infortune ; c'est le résultat fatal du choc d'intérêts contraires, et du travail latent des nationalités. A proprement parler, ces longues guerres ont été la conséquence du mouvement politique qui se nomme dans le monde la Révolution française ; personne ne put se soustraire à ses conséquences, et la France n'aurait pas été gouvernée par le régime impérial, qu'elle eût subi, comme les autres nations, les désastres de l'invasion.

Il est vrai que ces peuples, plus sages, n'ont pas commis la sottise de greffer une révolution politique sur une invasion, et que tous se sont serrés autour de leurs princes, qui personnifiaient à leurs yeux la patrie malheureuse.

Par courtoisie pour l'honorable candidat, je ne rappellerai pas le rôle de son parti au 4 septembre.

Je dois ajouter en terminant que, si j'avais l'honneur d'être impérialiste, il ne me serait pas bien difficile de réfuter cette insinuation au sujet de la guerre qu'on prétend inévitable dans un avenir prochain si l'Empire reparaît.

Il est évident, au contraire, que c'est là le seul régime politique qui puisse faire espérer qu'on ne la fera pas de sitôt ; tous

les autres ne prenant pas pour base l'as-
sentiment populaire, auront une origine
suspecte ; la revanche se présentera né-
cessairement à leurs yeux comme une né-
cessité; ils chercheront à conquérir leur
légitimité à coups de sabre, et, au premier malaise intérieur, ils partiront en
guerre.

RÉSUMÉ DU PRÉSIDENT

M. le Président. — Cet incident étant vidé, je demande de nouveau à l'Assemblée la permission de résumer ces débats :

Ils se présentent à notre esprit sous trois aspects distincts :

1° La doctrine politique de l'honorable candidat ;

2° Sa pratique ;

3° La République considérée en elle-même.

— Au point de vue doctrinal , et sur toutes les grandes questions qui se débattent au sein de nos sociétés modernes, nous avons le regret de trouver nos sentiments conservateurs en contradiction absolue avec ceux de l'honorable candidat républicain. Pour lui l'esprit religieux est un danger, pour nous il est une force. — Pour lui la patrie est un mot, pour nous c'est un être vivant et respecté, vis-à-vis duquel nous nous reconnaissons de grands devoirs. — Il fait peu de cas de l'honneur représenté par un bout de chiffon rouge : nous cherchons à mériter la croix, et nous nous honorons de la porter. — A ses yeux, l'armée française est une école de servitude ; nous la regardons comme le plus solide rempart de notre indépendance et de notre liberté.

Quant à la question libérale, l'honorable candidat se sépare encore de nous ; il demande et il exige toutes les libertés, et particulièrement l'extension donnée aux franchises parlementaires, la liberté absolue de la presse, la liberté communale, le droit de réunion, etc. Par contre, et c'est une nouvelle cause de divergence de vues, il est certaines libertés, comme le suffrage universel, la liberté électorale, la liberté commerciale, dont nous sommes chauds partisans, et dont, en pratique du moins, il ne paraît pas faire grand cas.

Si nous passons au caractère propre de la République, non pas dans l'avenir que nous ignorons, mais dans son passé historique , nous constaterons qu'elle ne satisfait pas davantage nos instincts de conservateurs.

Nous accusons les républicains d'avoir fait la révolution du 4 Septembre à leur profit ; nous les accusons d'être la cause de la perte de nos deux provinces et d'une bonne partie de l'indemnité de 5 milliards ; nous les accusons d'avoir fait ravager par l'ennemi 40 de nos départements et fait périr inutilement un grand nombre de nos enfants ; nous les accusons d'avoir amené ces historiques misères. sur la France dans le but intéressé de prolonger leur dictature ; nous les accusons d'avoir violenté la liberté des électeurs qui ont nommé l'Assemblée nationale ; nous les accusons de la *Commune*, parce que dans l'effet il faut voir la cause.

Nous accusons la République des républicains d'être un gouvernement fort cher, beaucoup plus onéreux pour le pays que la plus luxueuse des monarchies. Nous l'accusons de faire baisser en France le niveau de la moralité publique ; nous l'accusons de nous priver des alliances européennes

qui nons seraient si utiles, et de retarder
ainsi le jour où nous reprendrons notre
rang dans le monde.

Quant à la comparaison essayée entre le
2 décembre et le 4 septembre, elle ne me
paraît pas avoir tourné à l'avantage de la
doctrine représentée par l'honorable candidat.

A tous ces points de vue, les conservateurs restent donc profondément séparés
des républicains, et nous ne pensons pas
qu'ils votent pour eux aux élections prochaines.

L'honorable candidat peut se retirer,
nous le remercions des explications qu'il a
bien voulu nous donner.

Messieurs, la séance est levée.

INTERROGATOIRE

DU

CANDIDAT RÉPUBLICAIN

———

1. LES RESPONSABILITÉS DANS LA GUERRE DE 1870.
2. LES ÉLECTIONS RETARDÉES.
3. LA LIBERTÉ DES ÉLECTIONS.
4. LA DÉCHÉANCE DE L'EMPIRE, ET L'ARTICLE 8 DE LA CONSTITUTION DU 25 FÉVRIER.
5. LA COMMUNE.
6. LE SUFFRAGE UNIVERSEL.
7. LA LIBERTÉ DE LA PRESSE.
8. LA LIBERTÉ DU COMMERCE.
9. LA LIBERTÉ DE RÉUNION.
10. LA LIBERTÉ COMMUNALE.
11. LA LÉGION D'HONNEUR.

PARIS. — IMPRIMERIE DE DUBUISSON ET Cᵉ

POUR PARAITRE PROCHAINEMENT

A LA MÊME LIBRAIRIE

L'ÉLECTEUR ET LE CANDIDAT

Édition populaire à 20 centimes

Paris. — Imp. de Dubuisson et C*, rue Coq-Héron, 5.